AF235058

Impressum
Verlag: BABADADA GmbH, Nedderfeld 112 , 22529 Hamburg
Geschäftsführer / Verlagsleitung: Harald Hof
Druck: Books on Demand GmbH, In de Tarpen 42, 22848 Norderstedt

Imprint
Publisher: BABADADA GmbH, Nedderfeld 112 , 22529 Hamburg, Germany
Managing Director / Publishing direction: Harald Hof
Print: Books on Demand GmbH, In de Tarpen 42, 22848 Norderstedt

škola

colegio

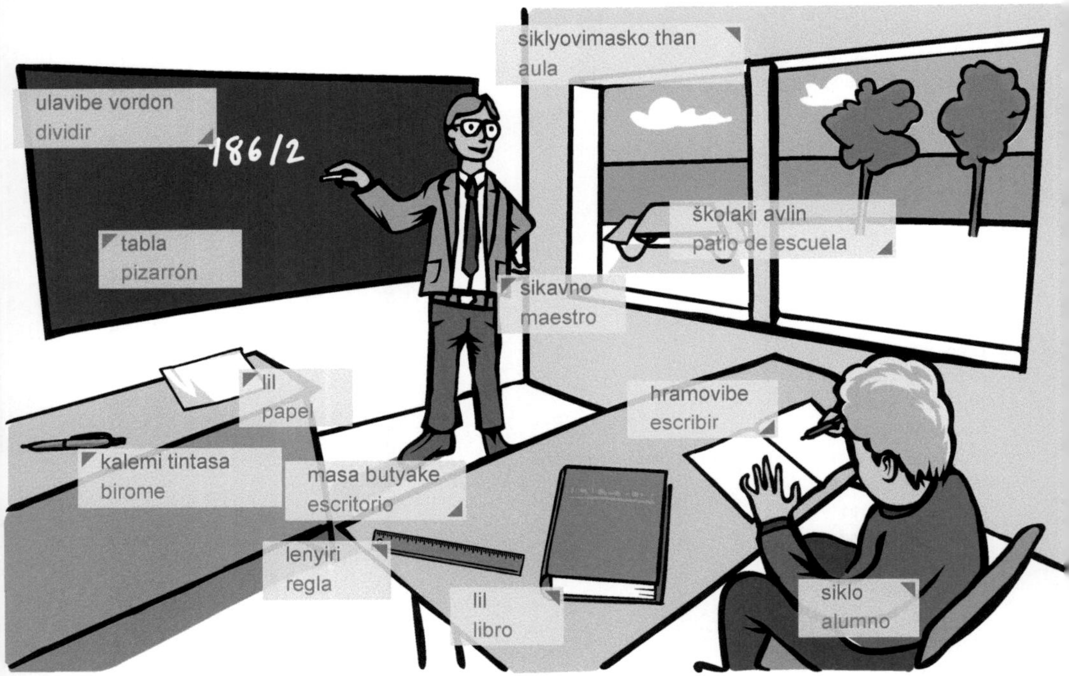
siklyovimasko than
aula
ulavibe vordon
dividir
186/2
tabla
pizarrón
školaki avlin
patio de escuela
sikavno
maestro
lil
papel
hramovibe
escribir
kalemi tintasa
birome
masa butyake
escritorio
lenyiri
regla
lil
libro
siklo
alumno

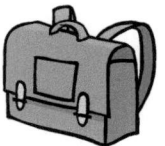

dumeski tašna

mochila

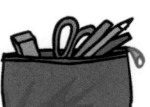

kalemengi kutia

caja de lápices

kalemi

lápiz

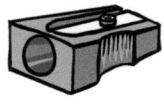

kalemengi čhurori

sacapuntas

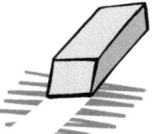

kosimaski guma

goma (de borrar)

čitrimasko bloko

bloc de dibujo

čitribe

dibujo

boyimaski frča

pincel

boyimaski kutia

caja de pinturas

kata

tijera

lepako

pegamento

bukjardarimasko lil

cuaderno de ejercicios

khereski buti

tarea

gendo

número

džide

sumar

ikal

restar

multiplicirin

multiplicar

kalkulirin

calcular

hramome lil

letra

alfabeta

abecedario

hello

lafo

palabra

teksti

texto

drabaribe

leer

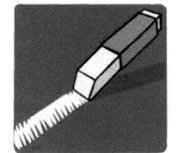

kreda

tiza

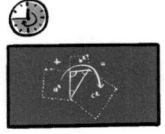

lekciya

lección

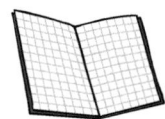

Klasesko registro

cuaderno de clase

egzameni

examen

sertifikato

certificado

školaki uniforma

uniforme escolar

edukacia

educación

enciklopedia

enciclopedia

univerziteto

universidad

mikroskopo

microscopio

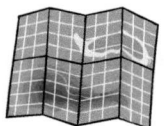

mapa

mapa

korpa čhudimaske lila

tacho (de basura)

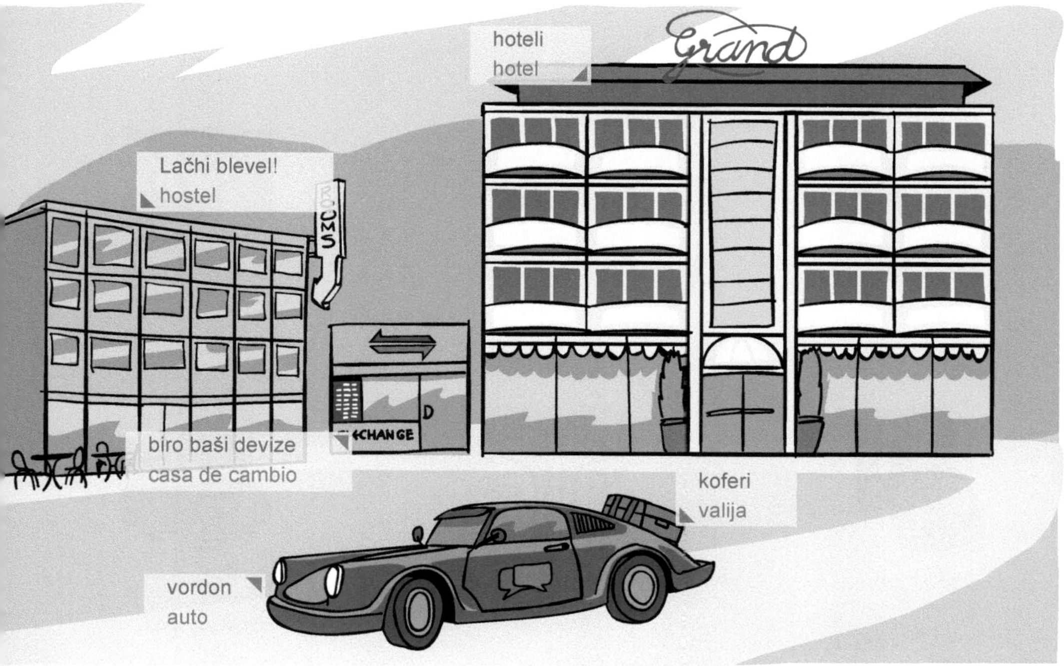
hoteli
hotel
Grand
Lačhi blevel!
hostel
ROOMS
biro baši devize
casa de cambio
EXCHANGE
koferi
valija
vordon
auto

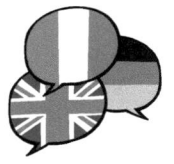

ćhib
idioma

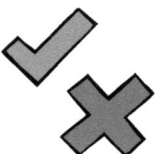

va / na
sí / no

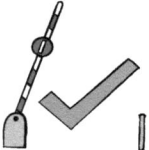

Okay
Está bien

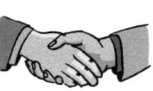

Namaste
hola

tumači
traductor

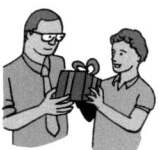

Ov sasto
Gracias

Kozom si...?

¿cuánto cuesta…?

Na havava

No entiendo

problemo

problema

Lačhi rat!

¡Buenas tardes!

Lačhi javin!

¡Buenos días!

Lačhi rat!

¡Buenas noches!

ačhon Devlesa

adiós

dromeski sikavin

dirección

bagaži

equipaje

gono

bolso

dumesko gono

mochila

misafiri

invitado

kamara

habitación

sovimasko gono

bolsa de dormir

cerha

carpa

turistikani informacia

información turística

plaža

playa

kreditno kartica

tarjeta de crédito

javinako habe

desayuno

kušluko

almuerzo

ratyako habe

cena

karta

pasaje

elevatori

ascensor

marka

sello

simantra

frontera

adetia

aduana

ambasada

embajada

viza

visa

pašaporti

pasaporte

transporti
transporte

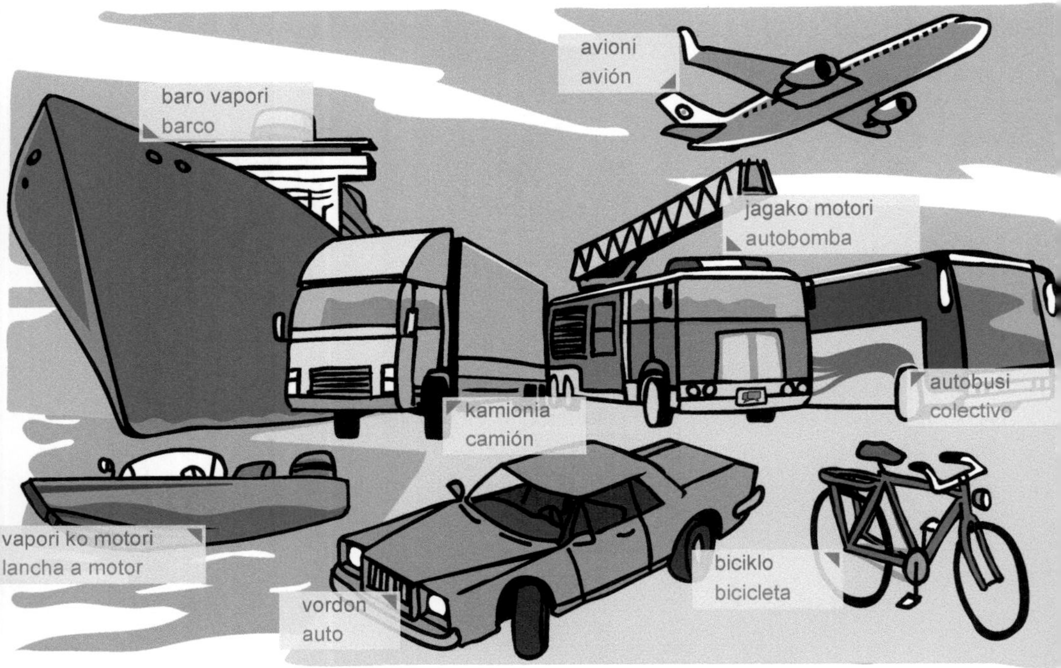
avioni
avión
baro vapori
barco
jagako motori
autobomba
autobusi
colectivo
kamionia
camión
vapori ko motori
lancha a motor
biciklo
bicicleta
vordon
auto

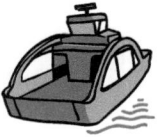

feri vapori

ferry

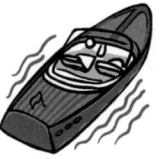

vapori

bote

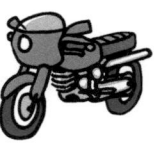

motorciklo

moto

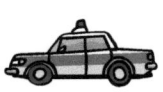

policiako vordon

patrullero

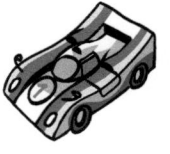

prastamasko vordon

auto de carreras

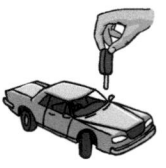

rentakar

auto de alquiler

ulavibe vordon

alquiler de autos

rumosardo kamioni

grúa

kamionengo than

camión de basura

motori

motor

petroli

nafta

petrolesko stasioni

estación de servicio

trafikoskere išaretia

señal de tránsito

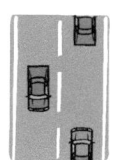

trafiko

tránsito

baro trafiko

embotellamiento

vordonesko parkirimasko than

estacionamiento

pampurengo stasioni

estación de tren

kamionia

vías

pampuri

tren

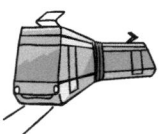

tramvaj

tranvía

vagoni

vagón

helikopteri

helicóptero

aeroporti

aeropuerto

kula

torre

dromarutno

pasajero

kontejneri

contenedor

kartoni

caja de cartón

vordonoro

carretilla

sevli

canasta

urjalipasko starto /
urjalipasko agor

despegar / aterrizar

diz

ciudad

gav

pueblo

dizyako centro

centro de ciudad

kher

casa

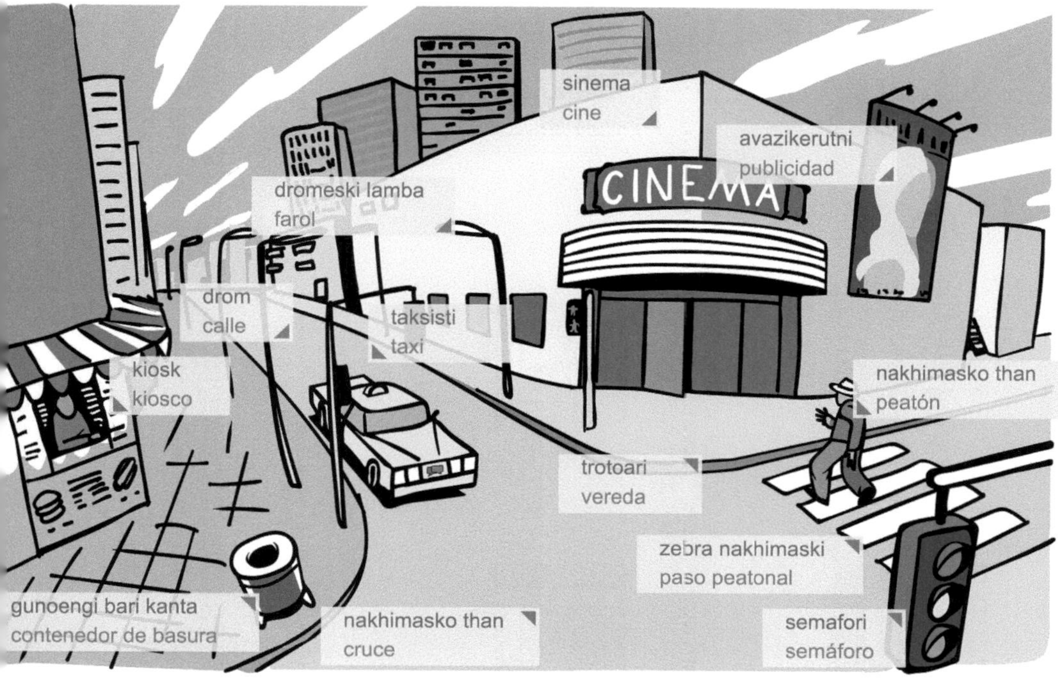

CINEMA
sinema
cine
avazikerutni
publicidad
dromeski lamba
farol
drom
calle
taksisti
taxi
kiosk
kiosco
nakhimasko than
peatón
trotoari
vereda
zebra nakhimaski
paso peatonal
gunoengi bari kanta
contenedor de basura
nakhimasko than
cruce
semafori
semáforo

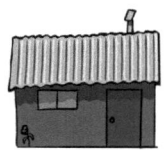

koliba

cabaña

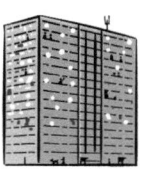

apartmani

departamento

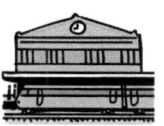

pampurengo stasioni

estación de tren

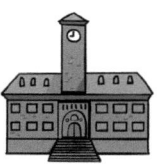

dizyaki sala

municipalidad

MUSEUM

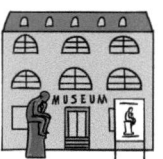

muzeji

museo

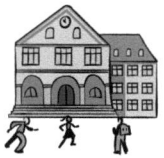

škola

colegio

univerziteto

universidad

banka

banco

hospitalo

hospital

hoteli

hotel

apoteka

farmacia

ofiso

oficina

lil bikinimasko than

librería

dukyano

negocio

lulugengo bikinutno

florería

supermarket

supermercado

kurko

mercado

baro bikinimasko kher

grandes tiendas

mačhengo astarutno

pescadería

kinimasko centro

centro comercial

vaporengo ačhovimasko than

puerto

parko

parque

klupa

banco

purt

puente

merdevenya

escaleras

metro stasioni

subte

tuneli

túnel

autobuseski adžikerin

parada del colectivo

bar

bar

restorani

restaurante

poštako mohto

buzón

dromesko išareti

letrero

parking than

parquímetro

zoo

zoológico

nangyovimasko bazeni

pileta

džamiya

mezquita

farma
granja

melalipe
contaminación

limorengo than
cementerio

khangeri
iglesia

khelimasko than
juegos infantiles

hramo
templo

pejzaži
paisaje

patrin
hoja

išareti
poste indicador

drom
camino

livazin
pradera

bar
piedra

kašt
árbol

phiravno
excursionista

len
río

čar
hierba

luludi
flor

harno than
valle

bairi
montaña

devrijal
lago

veš
bosque

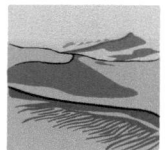

mulano than
desierto

vulkano
volcán

saraji
castillo

renkali badalin
arco iris

gaba
champiñón

palma kašt
palmera

sivrija
mosquito

mak
mosca

karandža
hormiga

birumni
abeja

pauko
araña

buba

escarabajo

žamba

rana

ververica

ardilla

kanzauri

erizo

šošoj

liebre

buf

lechuza

pakšin

pájaro

lebedi

cisne

bali

jabalí

eleno

ciervo

eleno

alce

pani garavin

presa

bavlalaki turbina

aerogenerador

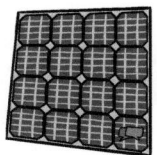

solarno paneli

panel solar

klima

clima

kelneri
mozo

menije
menú

sandaliya
silla

čorba
sopa

pica
pizza

poftaneski salfetka
mantel

habasko alati
cubiertos

avgo habe

entrada

šerutno habe

plato principal

gudlimata

postre

piiba

bebidas

habe

comida

šiša

botella

fast food

comida rápida

sokakongo habe

comida callejera

čajniko

tetera

šekereskoro čaroro

azucarera

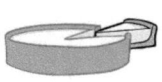

porcia

porción

makina vaš espresso

cafetera expreso

uči sandaliya

sillita alta

esapi

cuenta

apladiya

bandeja

čhuri

cuchillo

vilyuška

tenedor

roj

cuchara

čajeski roj

cucharita

salfetka

servilleta

tahtai

vaso

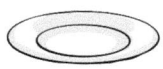

čaro
plato

čaro čorbake
plato hondo

hor čaro
plato

sosi
salsa

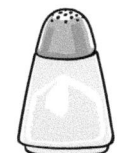

londesko čaroro
salero

kale biberesko pišlo
molinillo de pimienta

šut
vinagre

zejtini
aceite

začinia
especias

kečap
kétchup

senf
mostaza

majonezi
mayonesa

supermarket
supermercado

specialno oferta
oferta especial
FOR
mušteriya
cliente
thudeske butya
lácteos
emiši
fruta
vordonoro
changuito

BUTCHERS

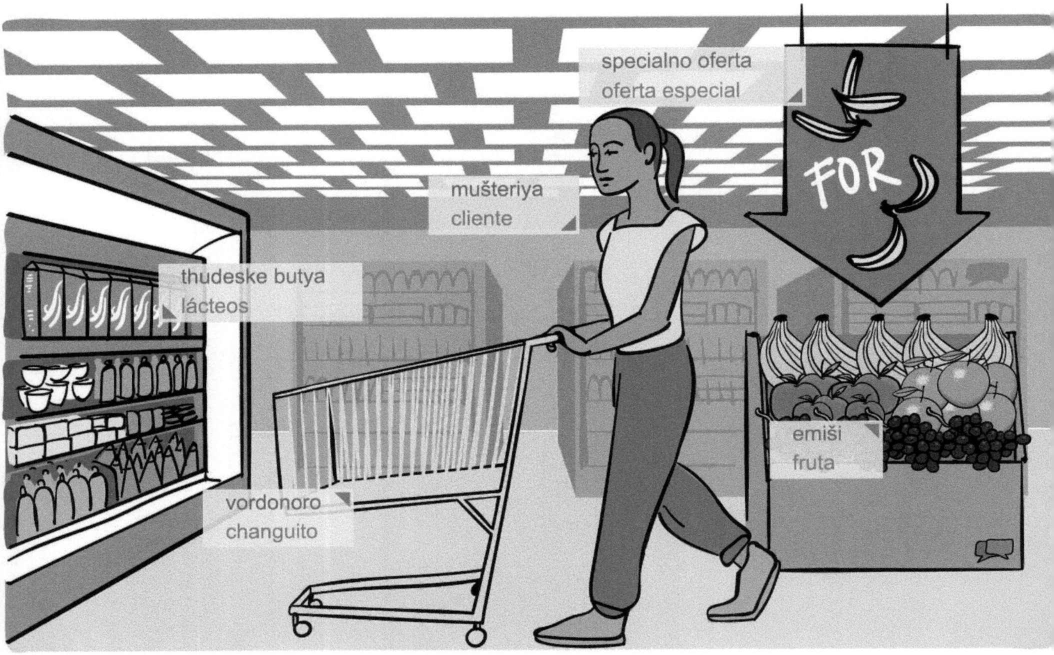

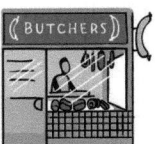

kasapi

carnicería

BAKERY

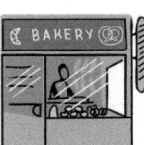

furuna

panadería

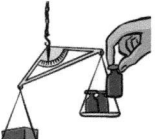

ladavipe

pesar

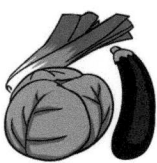

zarzavati

verduras

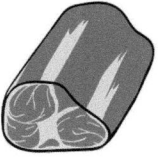

masesko rolati

carne

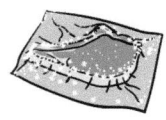

pahome habe

alimentos congelados

šudro mas

fiambres

konzerva

alimentos enlatados

thovimasko prašako

detergente en polvo

gudlimata

golosinas

khereske butya

electrodomésticos

užarimaske butya

productos de limpieza

bikinutno

vendedora

kasapi

caja

kasieri

cajero

kinimaski patrin

lista de compras

putarimaske satura

horario de atención

lovengi tašna

billetera

kreditno kartica

tarjeta de crédito

gono

cartera

plastikano gono

bolsa de plástico

pani

agua

džus

jugo

thud

leche

kola

bebida cola

mol

vino

bira

cerveza

alkohol

alcohol

kakao

cacao

čaj

té

kafa

café

espresso

café expreso

cappuccino

cappuccino

banana

banana

phabaj

manzana

portokali

naranja

kavuni

melón

limoni

limón

karota

zanahoria

sir

ajo

bambusi

bambú

purum

cebolla

gaba

champiñón

akhora

nueces

humereske butya

fideos

špageti

tallarines

rezo

arroz

salata

ensalada

čipsi

papas fritas

peke kompiria

papas fritas

pica

pizza

hamburger

hamburguesa

sendviči

sándwich

kotleti

churrasco

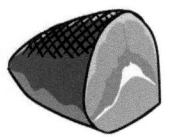

žamboni

jamón

salama

salame

goja

salchicha

khajnako mas

pollo

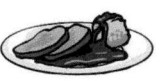

peko

asado

mačho

pescado

popara
copos de avena

musli
muesli

kornfleks
copos de maíz

varo
harina

kroasani
medialuna

masesko rolati
pancito

maro
pan

tosti
tostada

biskotia
galletitas

puteri
manteca

urda
cuajada

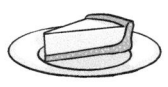

torta
torta

jaro
huevo

peke jare
huevo frito

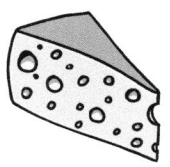

kiral
queso

šudro gudlo

helado

šekeri

azúcar

avgin

miel

džem

mermelada

čokoladaki krema

pasta de chocolate

kari

curry

farma
granja

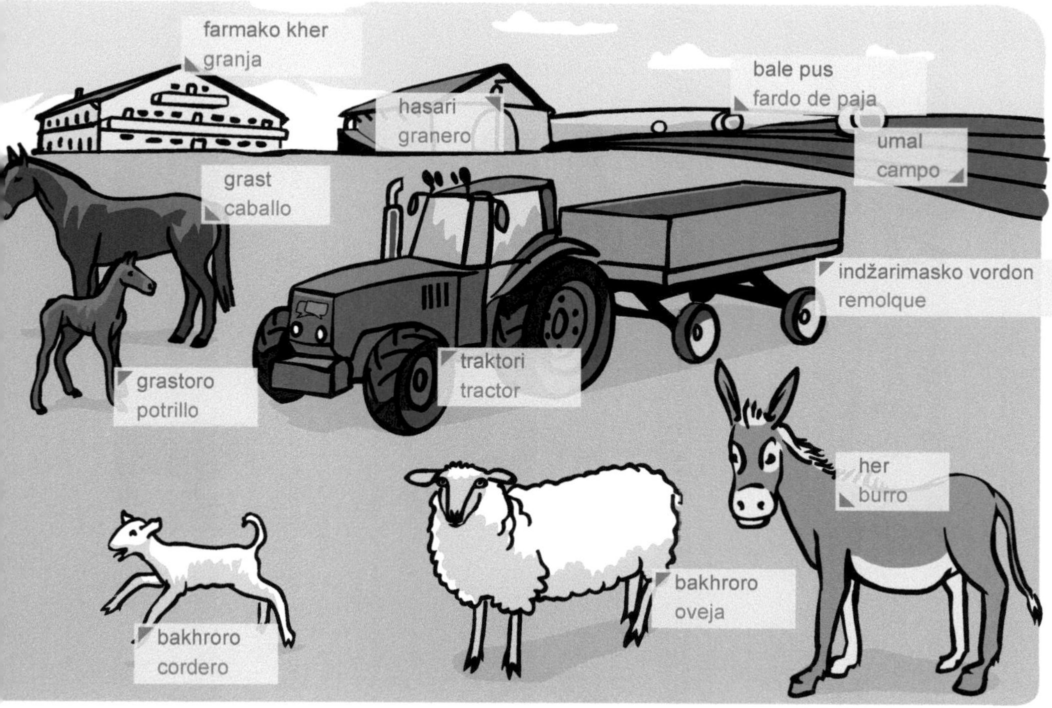

farmako kher
granja
hasari
granero
bale pus
fardo de paja
umal
campo
grast
caballo
indžarimasko vordon
remolque
traktori
tractor
grastoro
potrillo
her
burro
bakhroro
oveja
bakhroro
cordero

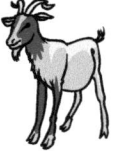

buzno

cabra

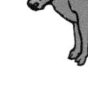

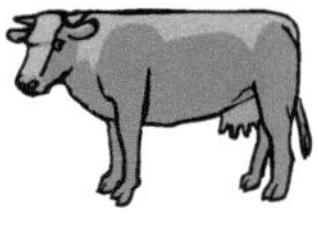

guruvni

vaca

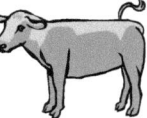

guruvoro

ternero

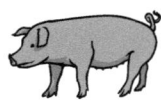

balo

cerdo

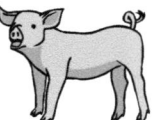

baloro

lechón

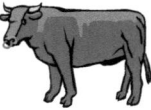

guruv

toro

papin

ganso

payka

pato

pilička

pollo

khayni

gallina

bašno

gallo

baro germuso

rata

bilika

gato

germuso

ratón

guruv

buey

džukel

perro

džukelesko kher

cucha

žardina

manguera

panyarimaski kanta

regadera

aindžako kidimasko alati

guadaña

plugo

arado

srpo

hoz

motika

azada

aindžaki vilyuška

horquilla

tover

hacha

vordonoro phiravutno

carretilla

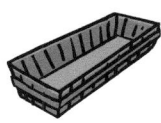

balani

abrevadero

thudeski šiša

lechera

harari

bolsa

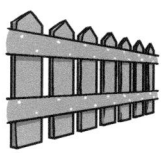

trujalutni

reja

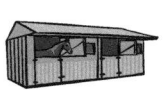

jahri

establo

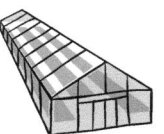

haryalo kher

invernadero

phuv

suelo

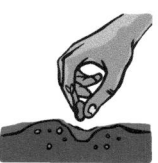

seme

semilla

gyubre

fertilizador

aindžako kidipe

cosechadora

kidibe aindž

cosechar

harmani

cosecha

phuvaki phabaj

batatas

giv

trigo

soja

soja

kompiri

papa

mumuruzi

maíz

šarlagani

semilla de colza

emišengo kašt

árbol frutal

Kasava

mandioca

giveskere javinlukoja

cereales

kher
casa

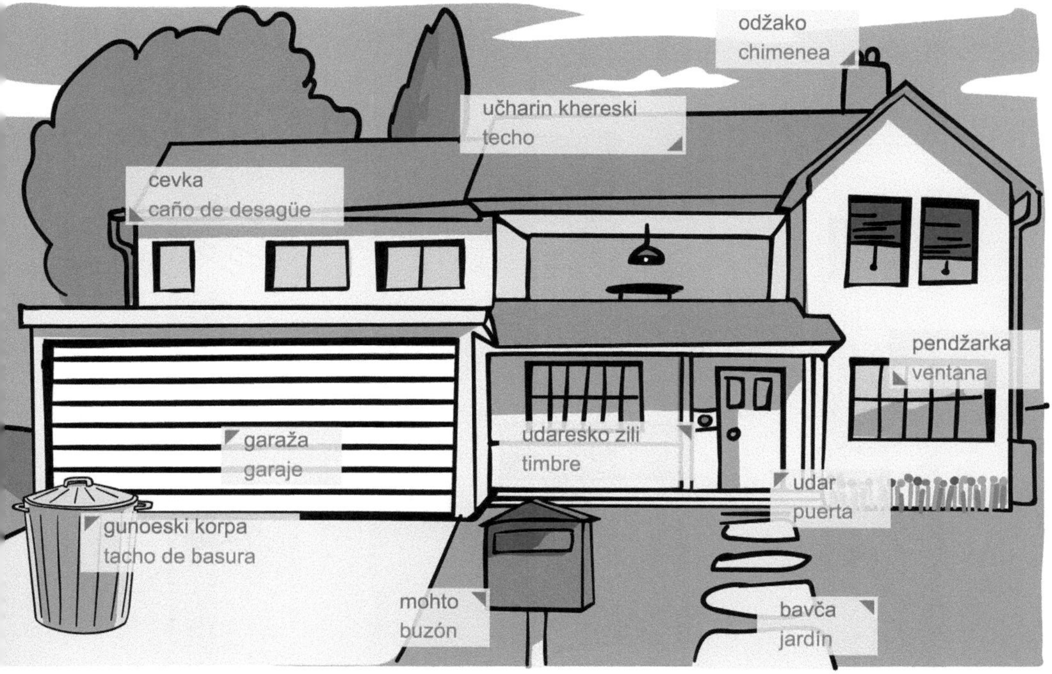
odžako
chimenea
učharin khereski
techo
cevka
caño de desagüe
pendžarka
ventana
garaža
garaje
udaresko zili
timbre
udar
puerta
gunoeski korpa
tacho de basura
mohto
buzón
bavča
jardín

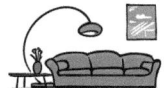

bešimaski kamara

living

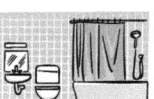

banya

baño

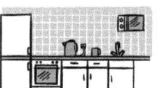

kujna

cocina

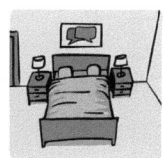

sovimasko than

dormitorio

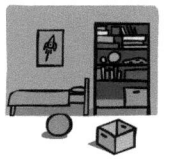

čhavengi kamara

cuarto de los chicos

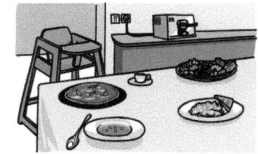

than hajbaske rakjako habe

comedor

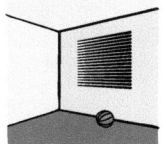	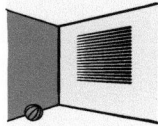	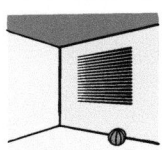
kati	duvari	tavano
piso	pared	cielorraso

špajzi	sauna	terasa
sótano	sauna	balcón
	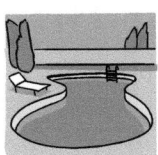	
terasa	bazeni	čar harnyarimaski makina
terraza	pileta	cortadora de pasto
		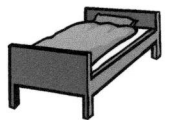
patrin	čaršafia	kreveto
sábana	acolchado	cama

šulavni	korpa	elektrikani phabarin
escoba	balde	interruptor

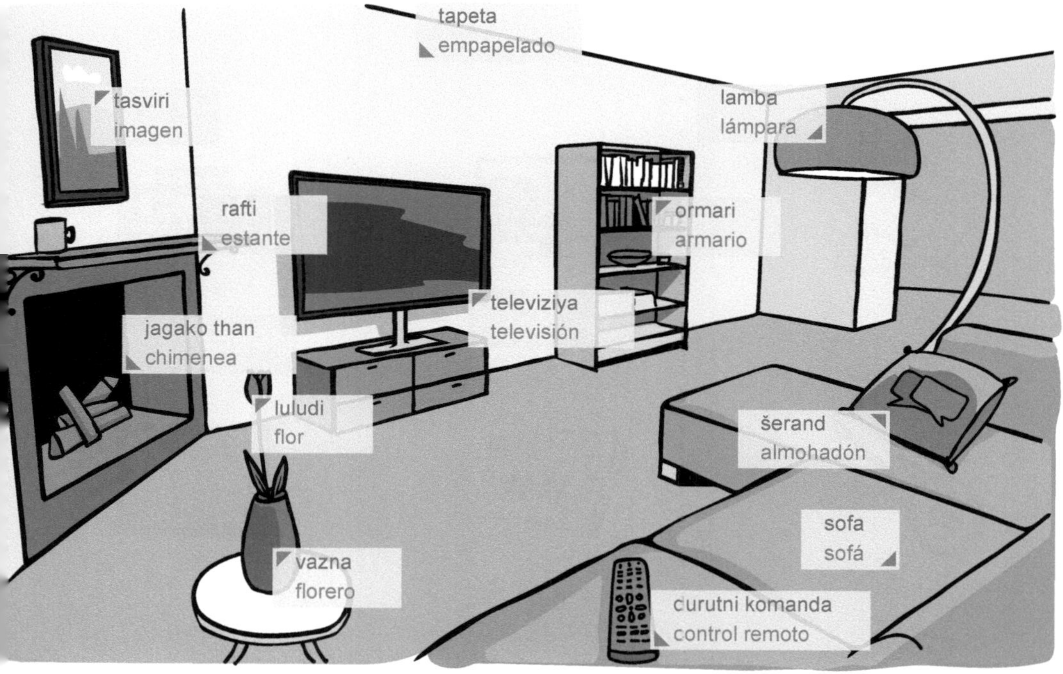

tapeta
empapelado

tasviri
imagen

lamba
lámpara

rafti
estante

ormari
armario

jagako than
chimenea

televiziya
televisión

luludi
flor

šerand
almohadón

sofa
sofá

vazna
florero

curutni komanda
control remoto

kilimi
alfombra

perde
cortina

masa
mesa

sandaliya
silla

kunajka sandaliya
mecedora

fotelya
sillón

lil

libro

kebe

frazada

dekoraciya

decoración

kašta phabarimaske

leña

filmi

película

stereo ašunimaske butya

equipo de música

nahtari

llave

gazeta

diario

frčaja bojakeribe

pintura

posteri

póster

radio

radio

hramovimasko bloko

cuaderno

elektrikani šulavni

aspiradora

kaktusi

cactus

momoli

vela

kujna
cocina

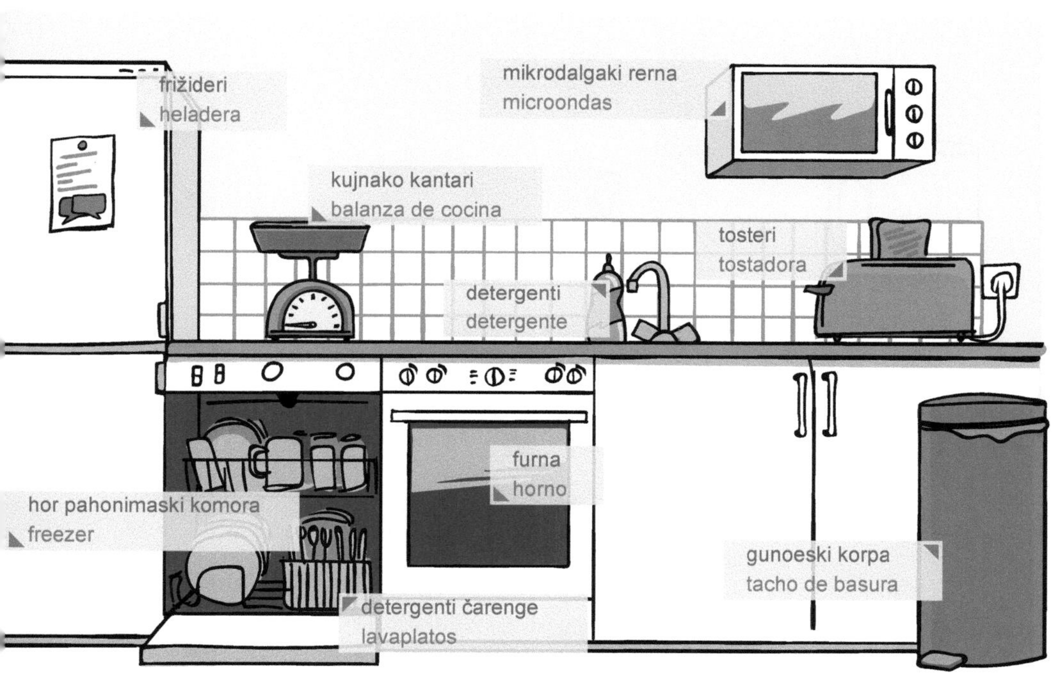
frižideri
heladera
mikrodalgaki rerna
microondas
kujnako kantari
balanza de cocina
tosteri
tostadora
detergenti
detergente
furna
horno
hor pahonimaski komora
freezer
gunoeski korpa
tacho de basura
detergenti čarenge
lavaplatos

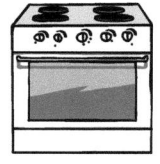

keravimasko than

cocina

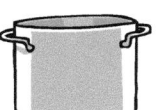

čaro

olla

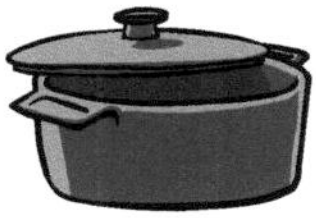

sastrnali tendžera

olla de hierro fundido

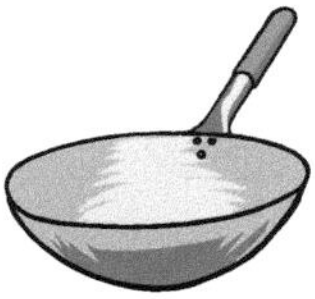

vok cihani

wok

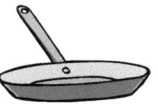

tava

sartén

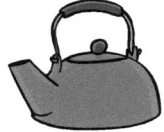

elektrikano bokali

pava

tendžera ki para

vaporera

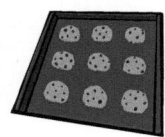

tepsija

bandeja de horno

čare

vajilla

bareder fildžano

taza

čaro

bol

kinakere habaskere kaštore

palitos

fioka

cucharón

špatula

estpátula

vastesko mikseri

batidora

cedimasko čaro

colador

porizen

colador

rende

rallador

avano

mortero

skara

parrilla

puteribe jag

fogata

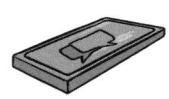

čhinimaski tabla

tabla de picar

oklagia

palo de amasar

puterimasko alati

sacacorchos

konzerva

lata

konzervako puterutno

abrelatas

čaresko ikerutno

manopla

lavabo

pileta

frča

cepillo

sungeri

esponja

mikseri

batidora

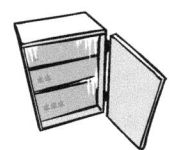

hor pahonimasko frižideri

congelador

bebeski šiša

mamadera

češma

canilla

banya

baño

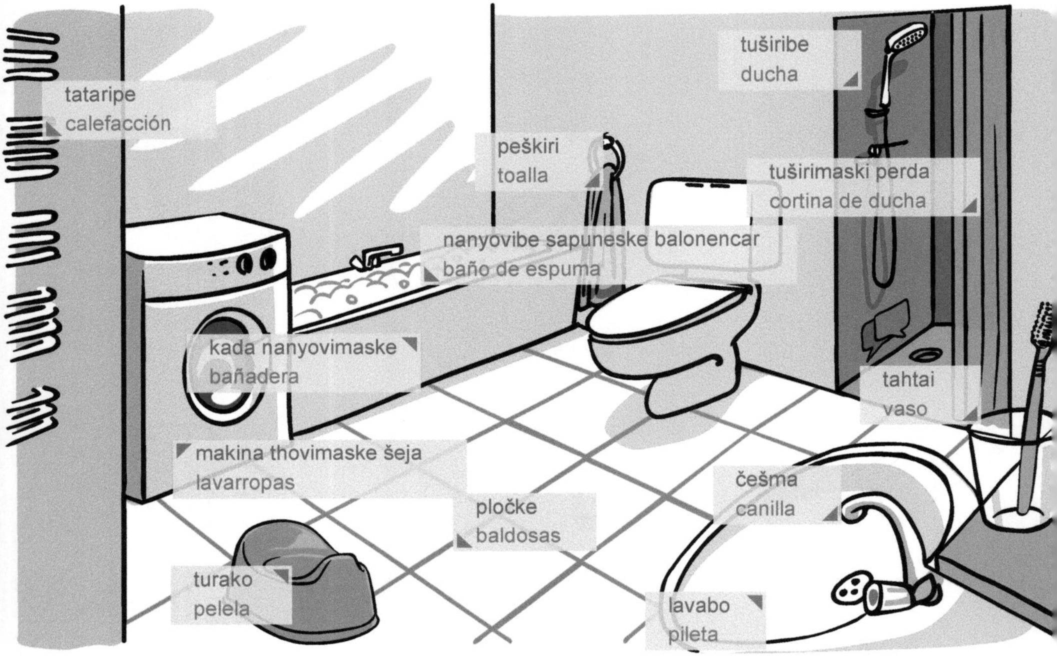

tuširibe
ducha
tataripe
calefacción
peškiri
toalla
tuširimaski perda
cortina de ducha
nanyovibe sapuneske balonencar
baño de espuma
kada nanyovimaske
bañadera
tahtai
vaso
makina thovimaske šeja
lavarropas
češma
canilla
pločke
baldosas
turako
pelela
lavabo
pileta

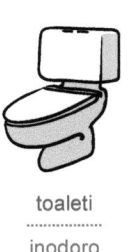

toaleti

inodoro

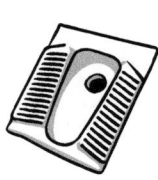

toaleti bešimasa ko pundre

letrina

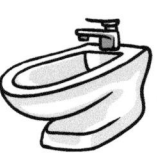

bide

bidé

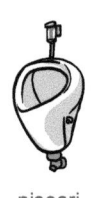

pisoari

mingitorio

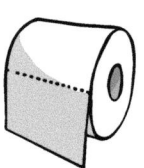

toaletesko lil

papel higiénico

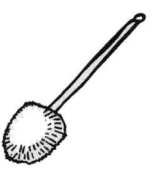

frča toaleteske

cepillo para el inodoro

danda thovimaski frča

cepillo de dientes

danda thovimaski krema

dentífrico

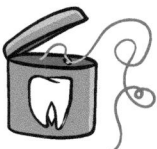

dandesko thav

hilo dental

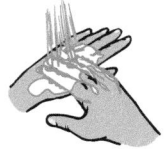

thovibe danda

lavar

vasteskoro tuši

ducha de mano

tuši

ducha higiénica

lavabo

palangana

dumeski frča

cepillo para espalda

sapuni

jabón

tuširimasko geli

gel de ducha

šamponi

shampoo

flanela

toallita

kada ćidimaske pani

desagüe

krema

crema

dezodoransi

desodorante

ajna

espejo

vasteski ajna

espejito

žileti moravimaske

maquinita de afeitar

moravimaski pena

espuma de afeitar

palal muravimaski krema

aftershave

kanglik

peine

frča

cepillo

feni balenge

secador de pelo

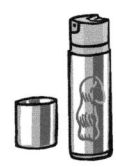

sprej balenge

spray

šminka

maquillaje

karmini

lápiz de labios

oja najenge

esmalte para uñas

pamuko pošom

algodón

kata najenge

tijera para uñas

parfemi

perfume

gono thovimaske

portacosméticos

sandaliya

banqueta

tereziya

balanza

bademantili

bata

gumena kalcunya

guantes de goma

tamponi

tampón

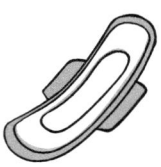

toaletno lil

toallita femenina

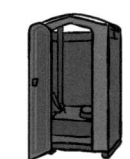

hemikano toaleti

baño químico

čhavengi kamara
cuarto de los chicos

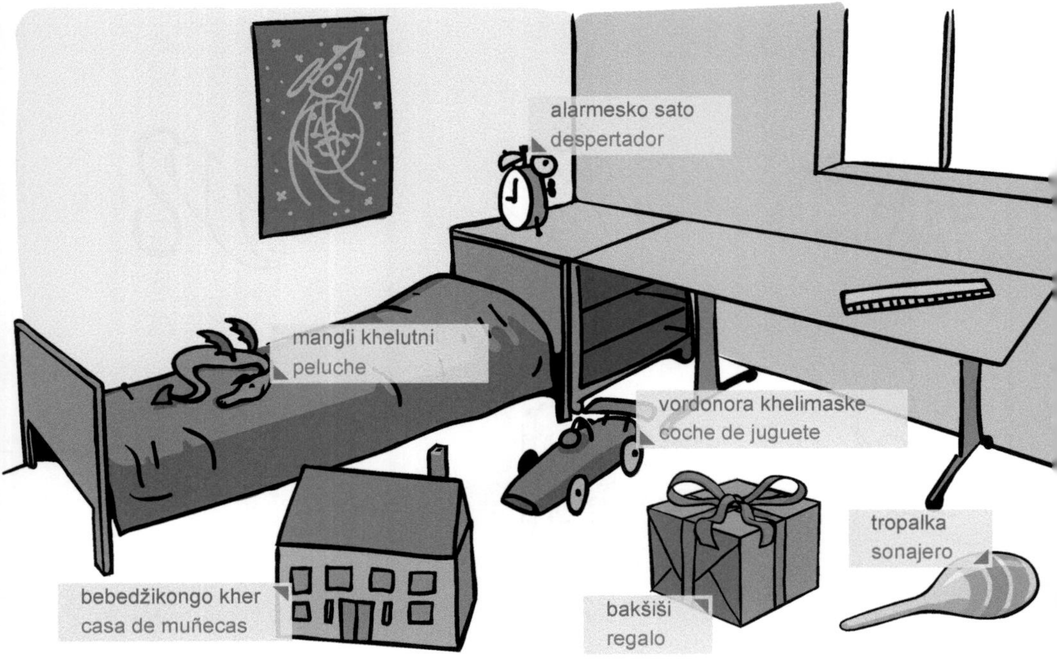
alarmesko sato
despertador
mangli khelutni
peluche
vordonora khelimaske
coche de juguete
tropalka
sonajero
bebedžikongo kher
casa de muñecas
bakšiši
regalo

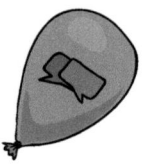

baloni

globo

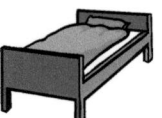

kreveto

cama

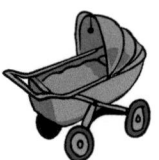

bebengo vordon

cochecito

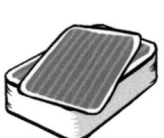

špili karte

cartas

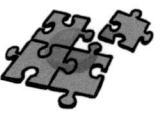

ker-rumin khelin

rompecabezas

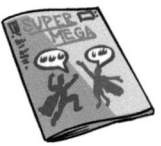

komikano lil

historieta

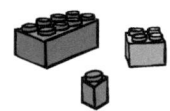

lego kocke

piezas de lego

kocke khelimaske

ladrillos de juguete

akciaki figura

figura de acción

bodi bebeske

enterito (de bebé)

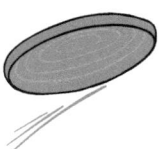

frizbi

frisbee

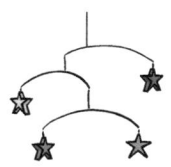

mobile

móvil para bebés

masa khelimaske

juego de mesa

zari

dados

pampuri khelimaske

tren eléctrico

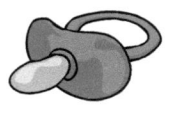

cucla

chupete

bahlana

fiesta

tasvirengo lil

libro de cuentos ilustrado

topka

pelota

bebedžiko

muñeca

khelibe

jugar

pošikako than
....
arenero

kuna
....
hamaca

khelimaske butya
....
juguetes

konzola video khelimaske
....
consola de videojuegos

triciklo
....
triciclo

poftaneski ričini
....
osito de peluche

garderoba
....
armario

šeja

ropa

kalcunya
....
medias

khuvde kalcunya
....
medias panty

hulahopke
....
calzas

momija
bufanda

čadori
paraguas

maica
remera

kaiši
cinturón

čizme
botas

papuče
pantuflas

trenerke
zapatillas

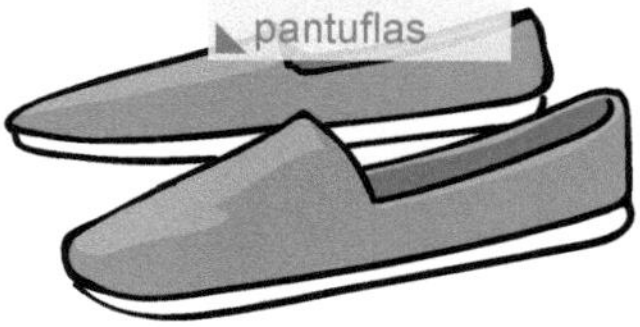

sandale

sandalias

menije

zapatos

gumena čizme

botas de goma

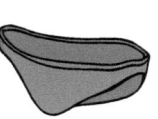

sostenya

ropa interior

eleko

corpiño

jeleko

chaleco

bodi

body

pantalonya

pantalones

farmerke

jeans

suknya

pollera

bluza

blusa

gat

camisa

puloveri

pulóver

dukseri

buzo

harno kaputi

blazer

džeketi

campera

kaputi

tapado

biršimdesko mantili

piloto

kostimi

traje

fustano

vestido

prandinako fustano

vestido de novia

kostumi

traje

rakjako fustano

camisón

pižame

pijama

sari

sari

momija šereske

pañuelo para cabeza

turbani

turbante

burka

burka

kaftani

caftán

abaya

abaya

nangyovimaske šeja

traje de baño

buxle pantolonya

short de baño

harne pantolonya

shorts

sporteske trenerke

jogging

kecelya

delantal

vasteske kalcunya

guantes

kopča

botón

gjuzlukya

anteojos

belegziya

pulsera

mirikle

collar

angrustik

anillo

čeni

aro

stadik

gorra

kaputeski čiviya

percha

stadik

sombrero

kravata

corbata

patenti

cierre

kaciga

casco

dandenge proteze

tiradores

školaki uniforma

uniforme escolar

uniforma

uniforme

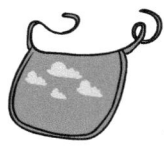

ligarka

babero

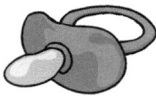

cucla

chupete

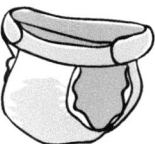

pherno

pañal

ofiso
oficina

serveri
servidor
raftija dokumentenca
archivero
lil
papel
printeri
impresora
monitori
monitor
masa butyake
escritorio
mausi
mouse
folderi
carpeta
tastatura
teclado
korpa čhudimaske lila
tacho (de basura)
kompjuteri
computadora
sandaliya
silla

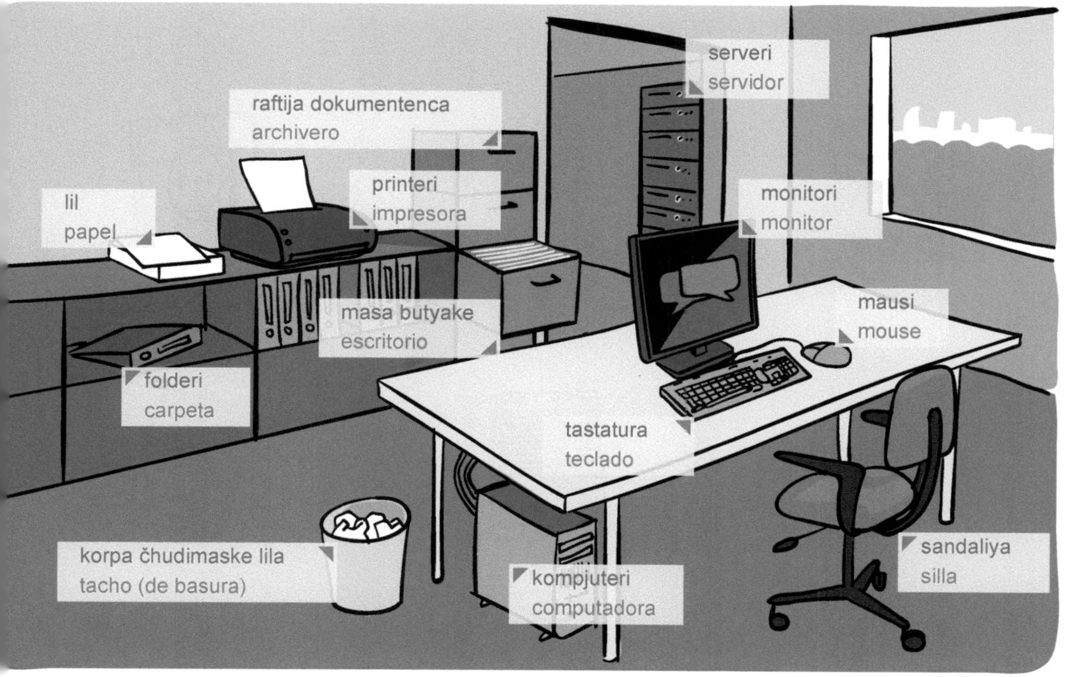

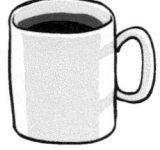

fildžano kafake

taza de café

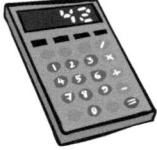

kalkulatori

calculadora

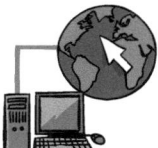

internet

internet

laptop

laptop

lil

carta

mesaži

mensaje

mobilno telefono

celular

netvorko

red

kopirimaski makina

fotocopiadora

softveri

software

telefono

teléfono

štekeri

tomacorriente

faks makina

fax

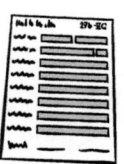

formulari

formulario

dokumento

documento

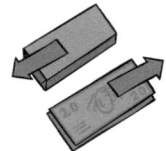

kinibe

comprar

pokinibe

pagar

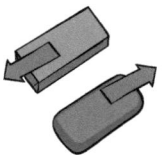

kino-bikinibe

hacer negocios

love

dinero

USD

dolari

dólar

EUR

euro

euro

JPY

jeni

yen

RUB

rublya

rublo

CHF

švajcariako franko

franco suizo

CNY

renminbi juan

yuan

INR

rupija

rupia

lovengo automati

cajero automático

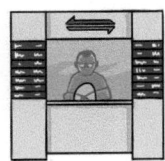

biro baši devize

casa de cambio

somnakaj

oro

rup

plata

petroli

petróleo

energia

energía

fiyati

precio

kontrakto

contrato

taksa

impuesto

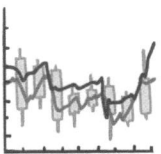

berzaki akcija

acción

butikeribe

trabajar

butyarno

empleado

butyako dendutno

empleador

fabrika

fábrica

dukyano

negocio

ekonomia - economía

profesie
ocupaciones

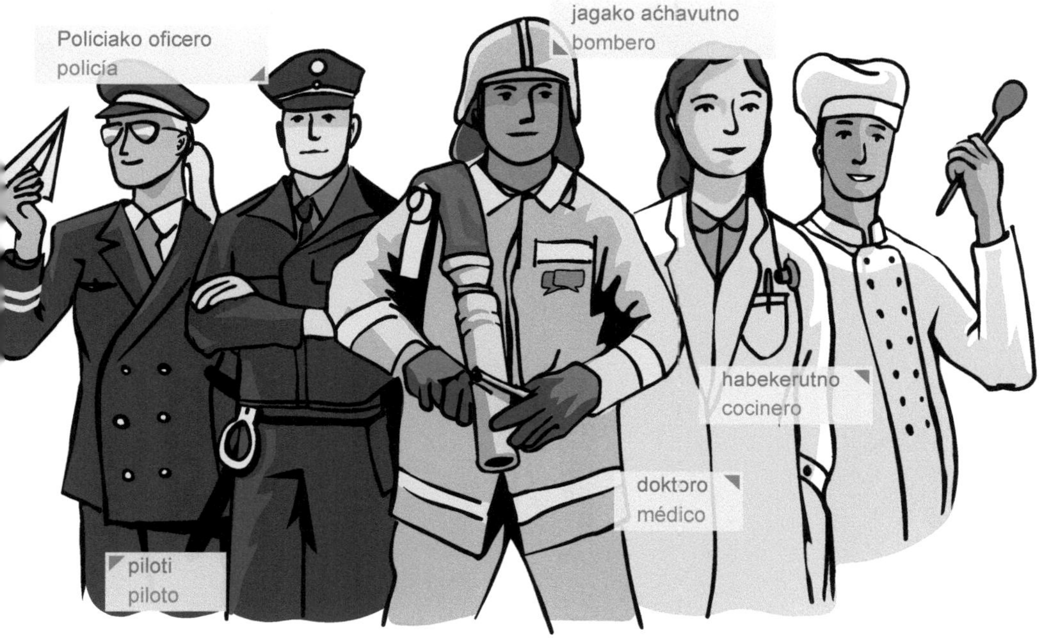

Policiako oficero
policía
jagako aćhavutno
bombero
habekerutno
cocinero
doktɔro
médico
piloti
piloto

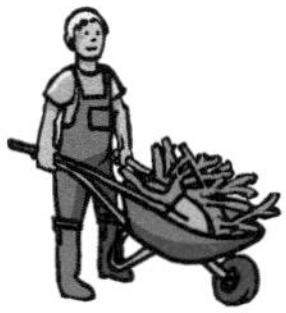

bavčako butyarno

jardinero

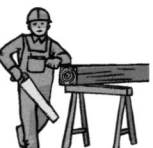

tišleri

carpintero

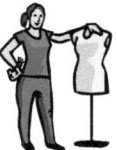

šnajderka

modista

krisuno

juez

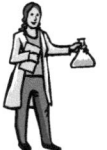

hemičari

farmacéutico

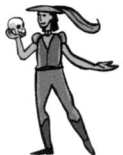

akteri

actor

autobusesko šoferi

colectivero

taksisti

taxista

mačhengo astarutno

pescador

užarutni

mucama

učharinengo kerutno

techista

kelneri

mozo

avdžija

cazador

tasvirkerutno

pintor

furnadžia

panadero

elektrikako phirno

electricista

tamirutno

albañil

inžinjeri

ingeniero

kasapi

carnicero

panjesko butyarno

plomero

poštari

cartero

askeri

soldado

arhitekto

arquitecto

kasieri

cajero

luludyari

florista

frizeri

peluquero

kondukteri

cobrador

mekanisti

mecánico

kapetani

capitán

dandengo saslyarno

dentista

vigjanalo manuš

científico

rabini

rabino

imami

imán

rašaj

monje

rašaj

sacerdote

alatia
herramientas

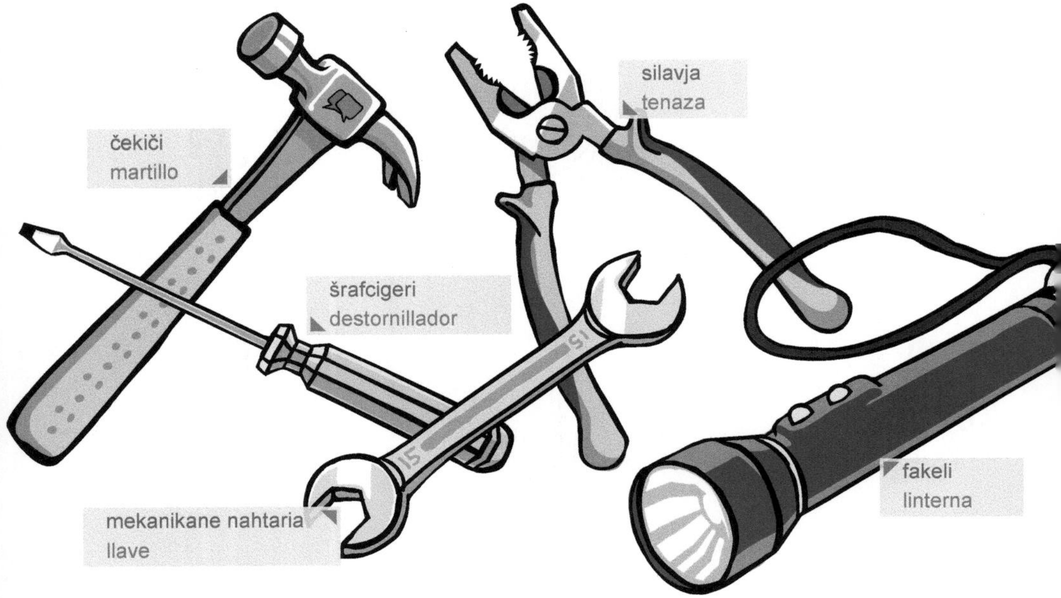

čekiči
martillo
silavja
tenaza
šrafcigeri
destornillador
fakeli
linterna
mekanikane nahtaria
llave

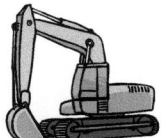

hrandimasko alati
excavadora

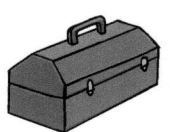

alateski kutia
caja de herramientas

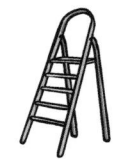

merdeveni
escalera portátil

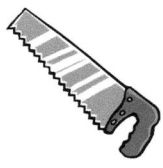

pila
sierra

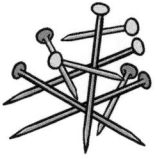

karfa
clavos

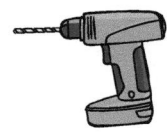

posavin
taladro

lačharkeribe

arreglar

lopata

pala de jardín

Naleti!

¡Qué bronca!

vatrali

pala de plástico

lonco bojimaske

tacho de pintura

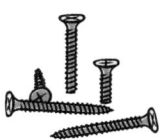

šrafja

tornillos

muzikane instrumentia
instrumentos musicales

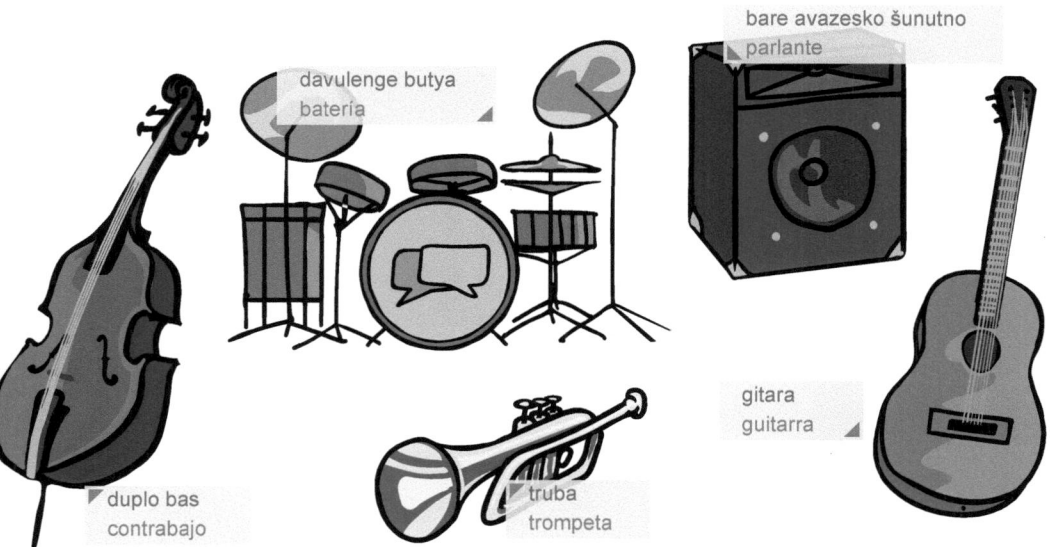

bare avazesko šunutno
parlante

davulenge butya
batería

duplo bas
contrabajo

truba
trompeta

gitara
guitarra

piano

piano

kemana

violín

bas

bajo

timpani

timbales

davulia

tambor

sintisajzeri

teclado

saksafoni

saxofón

flejta

flauta

mikrofoni

micrófono

zoo
zoológico

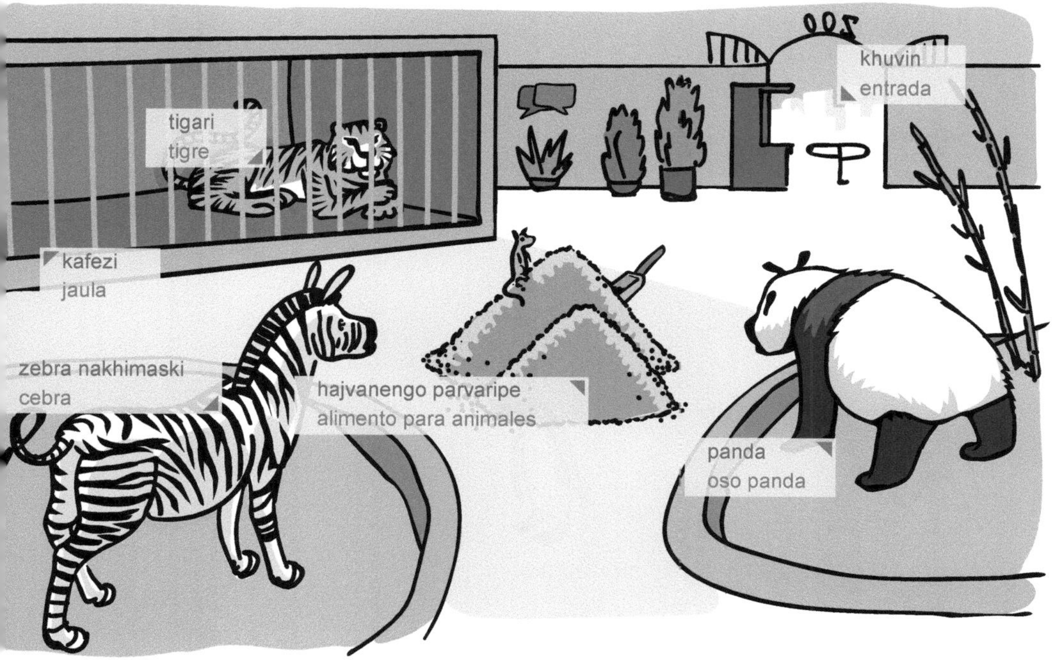

tigari
tigre
khuvin
entrada
kafezi
jaula
zebra nakhimaski
cebra
hajvanengo parvaripe
alimento para animales
panda
oso panda

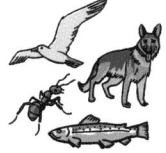

hajvania
animales

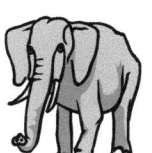

elefanti
elefante

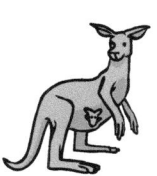

kenguri
canguro

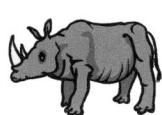

rino
rinoceronte

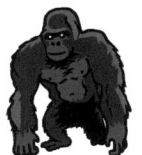

gorila
gorila

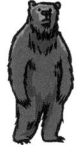

ričini
oso

kamila

camello

ostriga

avestruz

aslani

león

majmuni

mono

flamingo

flamenco

papagali

loro

polarno ričini

oso polar

pingvini

pingüino

ajkula

tiburón

pauno

pavo real

sap

serpiente

krokodilo

cocodrilo

zoo arakhutno

cuidador del zoológico

foka

foca

jaguari

jaguar

poni
poni

leopardi
leopardo

hipo
hipopótamo

žirafa
jirafa

zorale kandžengi paškin
águila

bali
jabalí

mačho
pescado

želka
tortuga

morži
morsa

lumri
zorro

gazela
gacela

Amerikako fudbali
fútbol americano

biciklizmo
ciclismo

tenis
tenis

basketboli
básquet

nangjovibe
natación

boksi
boxeo

hokej ko paho
hockey sobre hielo

fudbali
fútbol

badmington
bádminton

atletika
atletismo

vasteskoboli
handball

skiibe
esquí

polo
polo

aktivitetia
actividades

asaibe
reír
hutibe
saltar
deibe angali
abrazar
phiribe
caminar
giljavibe
cantar
dikhibe suno
soñar
azirikeribe
rezar
čumibe
besar

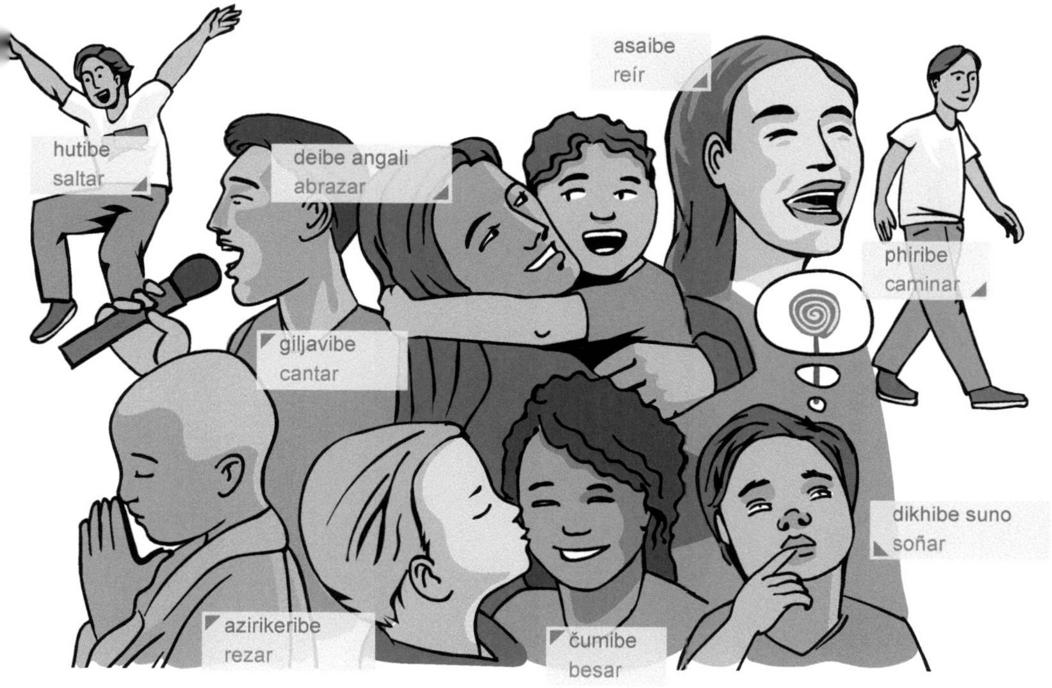

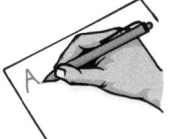

hramovibe

escribir

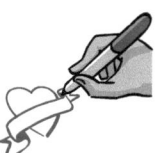

čitribe

dibujar

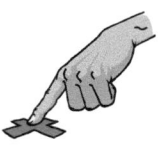

sikavibe

mostrar

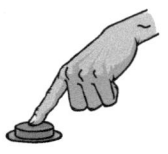

cidljaribe

presionar

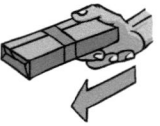

deibe

dar

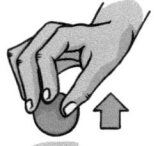

leibe

tomar

isibe

tener

keribe

hacer

te ovel

ser

tergyovibe

estar parado

prastaibe

correr

cidibe

tirar

čhudibe

tirar

peribe

caer

hovavibe

estar acostado

adžikeribe

esperar

phiravibe

llevar

bešibe

estar sentado

urjavibe

vestirse

sovibe

dormir

džangavibe

despertar

dikhibe ko

mirar

rovibe

llorar

čalavibe

acariciar

uhlavibr

peinar

vakeribe

hablar

haljovibe

entender

puč

preguntar

šunibe

escuchar

piibe

beber

habe

comer

užaribe

ordenar

kamibe

amar

keribe habe

cocinar

paldibe vordon

manejar

urjalibe

volar

vaporea džaibe

navegar

kalkulirin

calcular

drabaribe

leer

sikljovibe

aprender

butikeribe

trabajar

prandibe

casarse

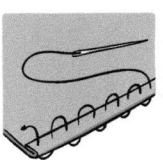

suvibe

coser

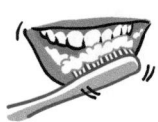

thovibe danda

cepillarse los dientes

mudaribe

matar

piibe dahani

fumar

bičhalibe

enviar

mami
abuela

papu
abuelo

dat
padre

daj
madre

bebe
bebé

čhaj
hija

čhavo
hijo

misafiri
invitado

bibi
tía

kako
tío

phral
hermano

phen
hermana

trupo
cuerpo

čekat
frente
jakh
ojo
piko
hombro
naj
dedo
muj
cara
vilica
pera
vast
mano
pundro
pierna
čuči
pecho
musik
brazo

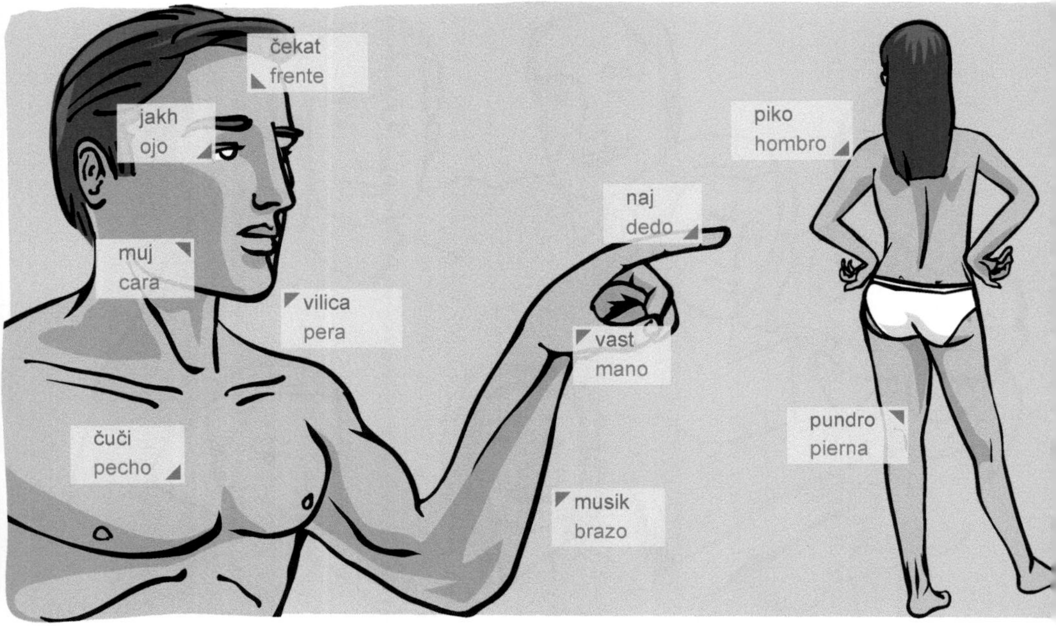

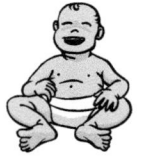

bebe
bebé

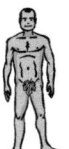

murš
hombre

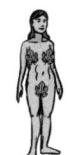

džuvli
mujer

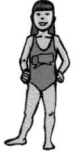

čhaj
nena

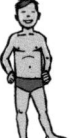

ćhavo
nene

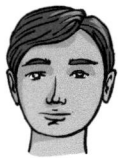

šero
cabeza

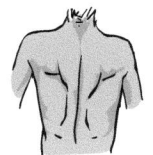

dumo

espalda

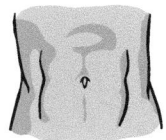

maškar

panza

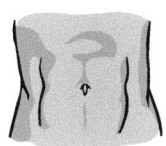

pupko

ombligo

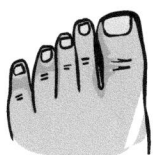

pundrenge naja

dedo del pie

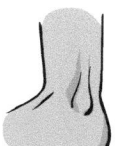

patum

talón

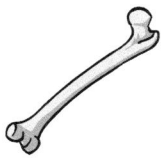

kokalo

hueso

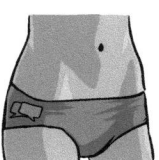

kuko

cadera

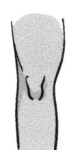

koč

rodilla

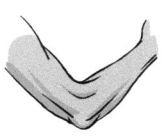

lahci

codo

nakh

nariz

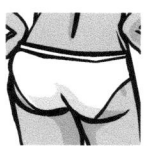

bul

cola

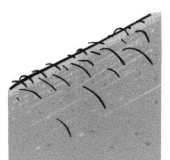

mortik

piel

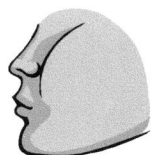

čham

cachete

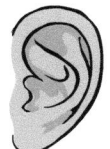

kan

oreja

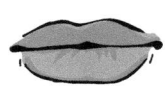

voš

labio

muj

boca

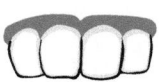

danda

diente

ćhib

lengua

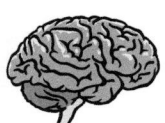

godi

cerebro

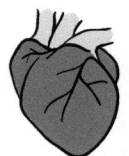

vilo

corazón

muskulo

músculo

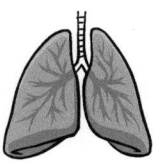

kolin

pulmón

buko

hígado

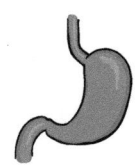

vogi

estómago

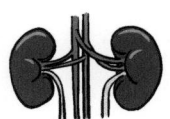

bubrekora

riñones

seks

sexo

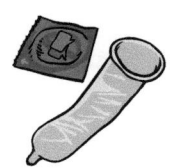

kondomi

preservativo

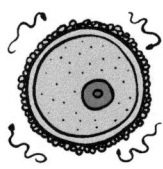

yarengi kletka

óvulo

sperma

semen

khamnipe

embarazo

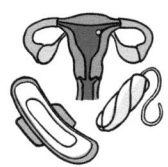

menstruaciya
menstruación

vagina
vagina

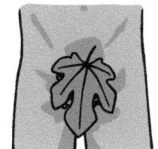

penis
pene

phov
ceja

bala
pelo

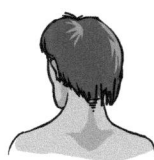

men
cuello

hospitalo
hospital

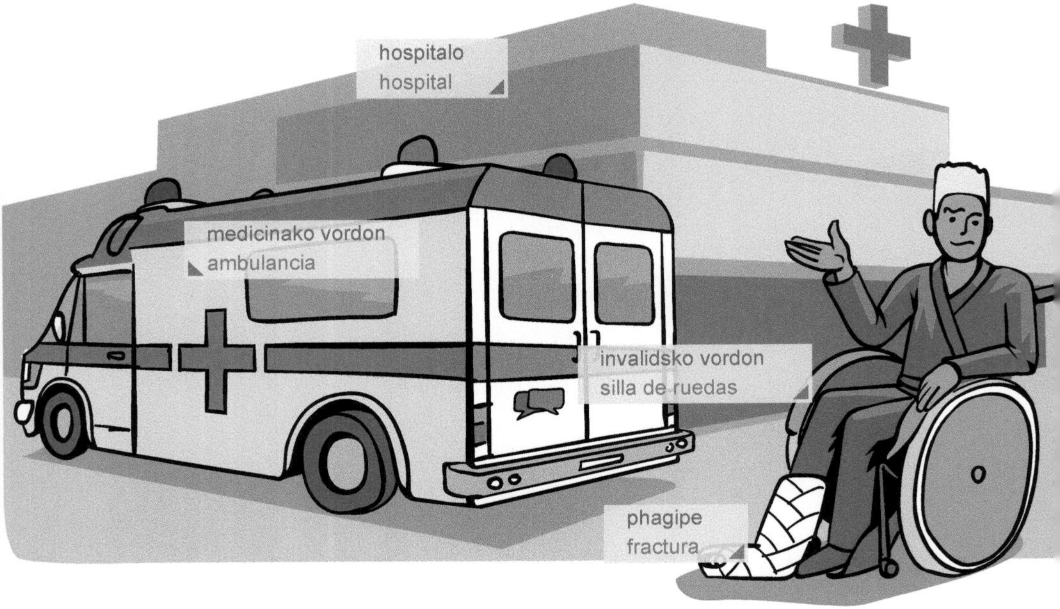

hospitalo
hospital
medicinako vordon
ambulancia
invalidsko vordon
silla de ruedas
phagipe
fractura

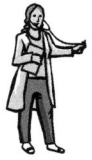

doktoro

médico

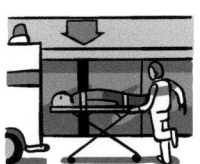

sigyarimaski kamara

sala de guardia

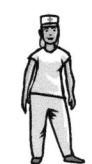

medicinaki phen

enfermera

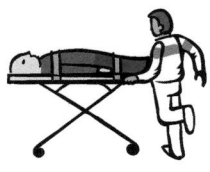

sigyaripen

emergencia

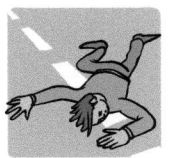

ki koma

inconsciente

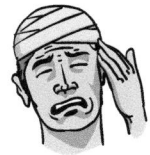

dukh

dolor

dukhavipen

lesión

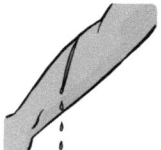

ratvaripe

hemorragia

infrakto

infarto

šlog

ACV

alergiya

alergia

khuinibe

tos

tinanipe

fiebre

gripa

gripe

diyarea

diarrea

šereski dukh

dolor de cabeza

kanceri

cáncer

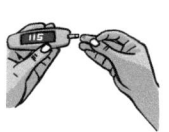

diyabetes

diabetes

operaciya

cirujano

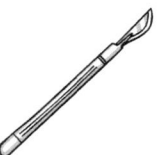

skalperi

bisturí

operaciya

operación

CT
TC

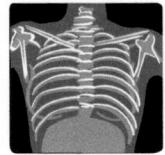

rentgen
rayos x

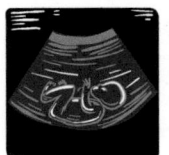

ultra avazo
ecografía

mujeski maska
barbijo

nasvalipe
enfermedad

adžukyarimasko than
sala de espera

paterica
muleta

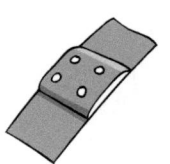

flastero
curita

phandimaski gaza
venda

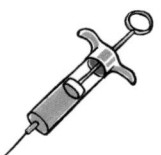

inyekciya
inyección

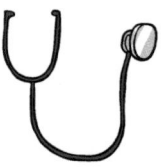

stetoskopo
estetoscopio

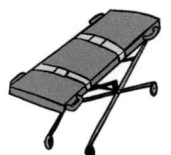

tregero
camilla

klinicko termometro
termómetro

biyanipe
nacimiento

baro thulipe
sobrepeso

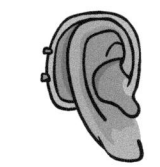

ašunimasko aparato

audífono

dezinfekciako

desinfectante

infekciya

infección

viruso

virus

HIV / SIDA

VIH / SIDA

medicina

remedio

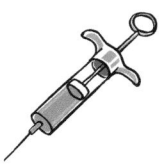

vakcinaciya

vacunación

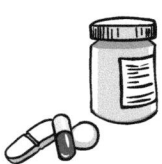

tabletura

comprimidos

hapi

pastilla anticonceptiva

sigyarimasko akharipe

llamada de emergencia

monitori vaš učo pretisak

tensiómetro

nasvalo / sasto

enfermo / sano

Mažutisar!

¡Ayuda!

alarmo

alarma

atako

agresión

atako

ataque

dar buti

peligro

sigyarimasko iklyovipen

salida de emergencia

Bari jag!

¡Fuego!

mamuj jagako aparati

matafuego

bibax

accidente

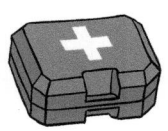

butya avgo ažutimaske

botiquín de primeros
auxilios

SOS

SOS

Policia

policía

Evropa

Europa

Utarali Amerika

América del Norte

Purabali Amerika

América del Sur

Afrika

África

Azija

Asia

Australia

Australia

Atlantiko

Atlántico

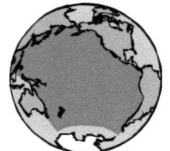

Pacifiko

Pacífico

Indiako Okeano

Océano Índico

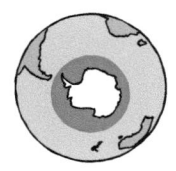

Antarktikosko Okeano

Océano Antártico

Arktikosko Okeano

Océano Ártico

Utaralo poli

polo norte

Purabalo poli

polo sur

Antarktiko

Antártida

phuv

Tierra

phuv

tierra

samudra

mar

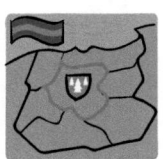

džaziri

isla

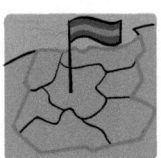

nacija

nación

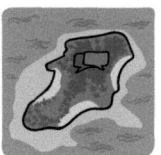

raštra

estado

saatosko gendo

esfera

saatoski sikavni

manecilla de las horas

dakikongi sikavni

minutero

ekundarno saatoski sikavin

segundero

Kozom si o saato?

¿Qué hora es?

dive

día

vrama

hora

akana

ahora

digitalno saato

reloj digital

dakika

minuto

časo

hora

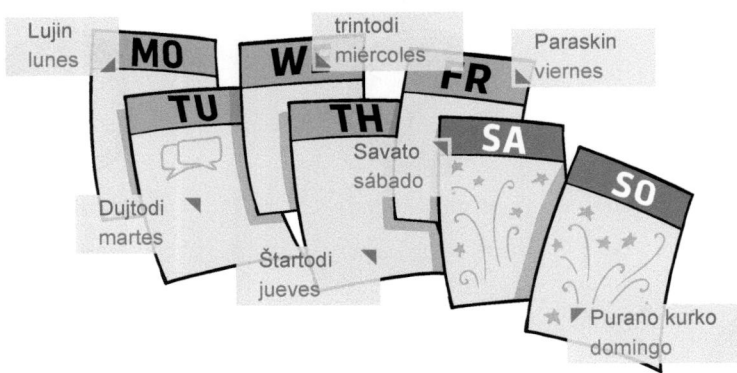

Lujin / lunes
trintodi / miércoles
Paraskin / viernes
Dujtodi / martes
Savato / sábado
Štartodi / jueves
Purano kurko / domingo

erati
ayer

avdive
hoy

tajsa
mañana

javin
mañana

ekvaš dive
mediodía

blevel
tarde

butyarne divesa
días hábiles

vikend
fin de semana

berš
año

biršim
lluvia
renkali badalin
arco iris
iv
nieve
bavlal
viento
anglonilaj
primavera
palonilaj
otoño
nilaj
verano
ivend
invierno

4.APRIL 11°
5.APRIL 4°
6.APRIL 13°
7.APRIL 8°
8.APRIL 10°

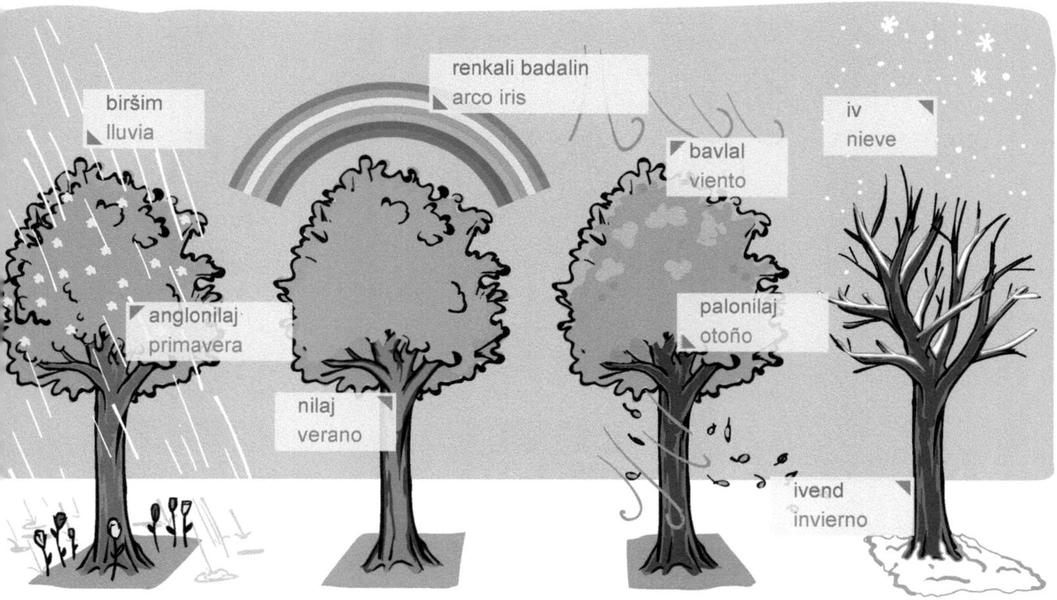

vramakoro vakeribe

pronóstico meteorológico

F C
120 90 60 30 0 -30
40 30 20 10 0 -10 -20

termometro

termómetro

khamalo

luz del sol

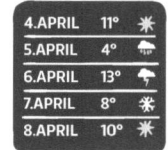

badal

nube

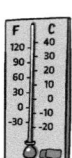

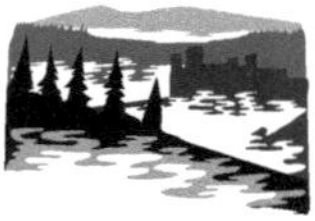

muhi

niebla

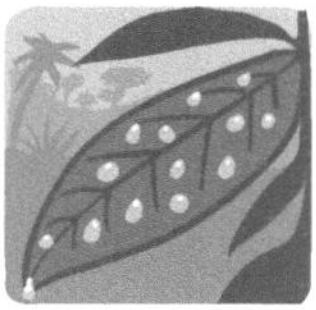

nemlime hava

humedad

šemšekoja

rayo

šemšekosko čalavibe

trueno

bura

tormenta

kijameti

granizo

monsuni

monzón

baro pani

inundación

paho

hielo

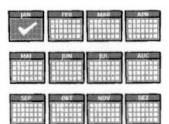

Januaro

enero

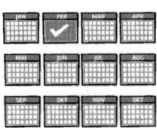

Februaro

febrero

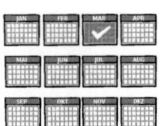

Marto

marzo

Aprilo

abril

Majo

mayo

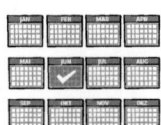

Juno

junio

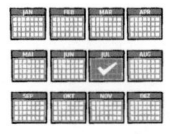

Julo

julio

Augusto

agosto

Septembro
....
septiembre

Oktombro
....
octubre

Novembro
....
noviembre

Dekembro
....
diciembre

forme

formas

rota
....
círculo

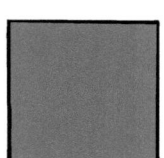

kvadrati
....
cuadrado

rektanglo
....
rectángulo

trianglo
....
triángulo

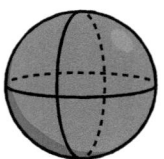

sfera
....
esfera

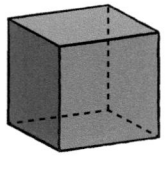

kocka
....
cubo

parni

blanco

galbeno

amarillo

pomarandža

naranja

roze

rosa

loli

rojo

lila

violeta

vunato

azul

harjali

verde

kafeno

marrón

kuršumlija

gris

kali

negro

but / hari

mucho / poco

holjame / mudro

enojado / tranquilo

šuži / bišuži

lindo / feo

starto / agor

principio / fin

baro / tikno

grande / chico

puterde bojako / phanle bojako

claro / oscuro

phral / phen

hermano / hermana

užo / melalo

limpio / sucio

sahno / bisahno

completo / incompleto

dive / rat

día / noche

mulo / dživdo

muerto / vivo

buvlo / tank

ancho / angosto

hala pe / na hala pe

comestible / no comestible

džungalo / šukar

malo / amable

bare vogjea / bi vogjea

entusiasmado / aburrido

thulo / kišlo

gordo / flaco

avgo / paluno

primero / último

amal / dušmani

amigo / enemigo

pherdo / čučo

lleno / vacío

zoralo / kovlo

duro / blando

pharo / lokho

pesado / liviano

bokh / truš

hambre / sed

nasvalo / sasto

enfermo / sano

ilegalno / legalno

ilegal / legal

godyaver / bigodyako

inteligente / estúpido

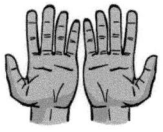

bajan / dahin

izquierda / derecha

paše / dur

cerca / lejos

nevo / purano
....
nuevo / usado

khanči / vareso
....
nada / algo

phuro / terno
....
viejo / joven

phabardo / ačhavdo
....
encendido / apagado

puterdo / phanlo
....
abierto / cerrado

mudro / bare avazeskoro
....
silencioso / ruidoso

barvalo / čorolo
....
rico / pobre

čačutno / došalo
....
correcto / incorrecto

zoralo / kovlo
....
áspero / suave

mazuni / lošalo
....
triste / contento

skurto / lungo
....
corto / largo

pohari / sigate
....
lento / rápido

sapano / šuko
....
mojado / seco

tato / šudro
....
caliente / frío

mareba / sansari
....
guerra / paz

0

zero

cero

1

jek

uno

2

duj

dos

3

trin

tres

4

štar

cuatro

5

panč

cinco

6

šov

seis

7

efta

siete

8

ohto

ocho

9

enja

nueve

10

deš

diez

11

dešujek

once

12
dešuduj

doce

13
dešutrin

trece

14
dešuštar

catorce

15
dešupanč

quince

16
dešušov

dieciséis

17
dešefta

diecisiete

18
dešohto

dieciocho

19
dešenja

diecinueve

20
biš

veinte

100
šel

cien

1.000
milja

mil

1.000.000
milioni

millón

Anglicko

inglés

Americko Anglicko

inglés americano

Kinesko Mandarinsko

chino mandarín

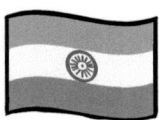

Indisko

hindi

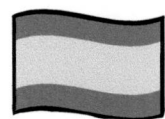

Špansko

español

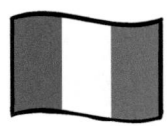

Francusko

francés

Arapsko

árabe

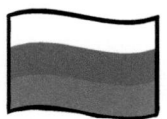

Rusko

ruso

Portugalsko

portugués

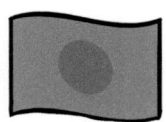

Bengalsko

bengalí

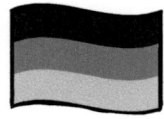

Nemicko

alemán

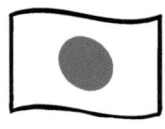

Japansko

japonés

thaj

yo

tu

vos

ov / oj

él / ella

amen

nosotros

tumen

ustedes

ola

ellos

ko?

¿quién?

so?

¿qué?

sar?

¿cómo?

kote?

¿dónde?

kana?

¿cuándo?

anav

nombre

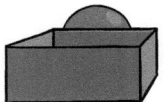

palal

detrás

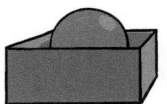

andre

en

anglal o

adelante de

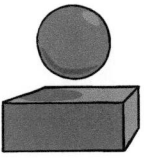

upral

por encima de

an

sobre

telal

debajo de

trujal

al lado de

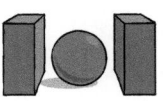

maškaral

entre

than

lugar